Rire et sourire pour être en paix

❧ 1 ❦

ÉDITIONS PAIX POUR TOUS
Lucie Marcotte - auteur
www.luciemarcotte.com
info@luciemarcotte.com

Conception graphique et mise en page
Lucie Marcotte

Publié au Québec, 3ième trimestre 2014

ISBN et Dépôt légal
ISBN 978-2-924391-19-8 (imprimé-fr)
ISBN 978-2-924391-20-4 (ebook-fr)
ISBN 978-2-924391-21-1 (printed-eng)
ISBN 978-2-924391-22-8 (ebook-eng)
ISBN 978-1501043611 (printed-CS Amazon distribution only-eng)
Dépôt légal - Bibliothèque et Archives nationales du Québec, 2014
Dépôt légal - Bibliothèque et Archives Canada, 2014

Catalogage avant publication de Bibliothèque et Archives
nationales du Québec et Bibliothèque et Archives Canada

Marcotte, Lucie, 1958-
Rire et sourire pour être en paix
Comprend des références bibliographiques.
ISBN 978-2-924391-19-8

1. Rire - Aspect psychologique. 2. Rire - Emploi en
thérapeutique. I. Titre.
BF575.L3M372 2014   152.4'3 C2014-942194-X

REMERCIEMENTS

Merci à mes guides et à la puissance d'Amour qui m'accompagnent, m'aident, m'enseignent et me guérissent au fil de mon cheminement.

Merci, merci et merci.

Lucie Marcotte

Rire et sourire pour être en paix

Éditions Paix pour tous

Table des matières

Préface

Ah ! Ah ! Ah !

Rire et sourire pour être en paix... Voici un autre outil joyeux, simple, efficace, gratuit et accessible à tous pour favoriser l'état de paix intérieure, une bonne santé, et contribuer à un monde de Paix.

Ah ! Ah ! Ah !
Lerireetlesouriresontdesharmoniseurs
puissants et des guérisseurs du coeur.

Ah ! Ah ! Ah !

Riredeboncoeur ! Souriredeboncoeur !
Le bon coeur nous permet d'éveiller un
état intérieur d'amour, de paix, de joie, de
compassion, de douceur, de bienveillance,
etc., et nous invite à rayonner ces états
d'être pour avoir une contribution positive
dans le monde, pour apporter joie et
guérison autour de nous, pour contribuer
à une élévation du taux vibratoire en étant
nous-mêmes, pour créer un monde de
Paix.

Ah ! Ah ! Ah !

Ce petit livre propose une combinaison
d'informations sur le rire et le sourire et
de nombreux exercices pratiques de rire
et sourire pour favoriser les sentiments
positifs et bienveillants, un état de joie du
coeur, et l'expérience des bienfaits du rire

Préface

et du sourire.

Amusez-vous à rire et sourire pour être en paix !

Rire et sourire pour être en paix

Chapitre 1

Rire et sourire pour être en paix

Le rire et le sourire ont de nombreux effets positifs sur la santé, l'état d'esprit, ainsi que l'ouverture à apprendre et vivre des expériences nouvelles. Ce sont des exercices simples et extrêmement bénéfiques pour le cerveau, le corps entier et l'équilibre de la santé physique, mentale et émotionnelle. Ils favorisent l'expression d'un état de paix intérieure et de contribution pour un monde de Paix.

Qu'est-ce que le rire et le sourire ?

Le rire et le sourire bienveillants sont des façons de communiquer et d'exprimer des émotions et des sentiments comme la joie, le bonheur, l'humour, l'optimisme, etc. Le rire et le sourire sont universels et leurs interprétations sont semblables dans toutes les régions du monde.

Rire est normal et naturel.
Sourire est normal et naturel.

Le rire et le sourire sont communicatifs

Lorsqu'une personne entend quelqu'un rire, l'effet communicatif du rire incite à rire aussi. Lorsqu'une personne voit quelqu'un sourire, l'effet communicatif invite à sourire aussi. Dans un contexte donné, il est plus facile de rire après avoir ri la première fois, et il en est de même pour le sourire.

Cet effet multiplie l'énergie du rire.
Cet effet multiplie l'énergie du sourire.

La fréquence du rire

Les enfants rient en moyenne de 300 à 400 fois par jour. Les adultes rient en moyenne de 10 à 20 fois par jour. Dix à quinze (10 à 15) minutes de rire par jour permettraient d'en ressentir les bienfaits et favoriser un état de bonne santé.

L'émergence des sourires
Le sourire spontané - le sourire de joie

Ce sourire naturel et inné apparait dans les heures consécutives à la naissance. À la naissance, il est unilatéral et non synchronisé avec le mouvement des yeux. Après la naissance, il se précise et apparait de plus en plus spontanément pour exprimer la joie, dans des contextes bienveillants et agréables.

Il est le résultat de la contraction du muscle grand zygomatique et de la contraction du muscle de l'orbiculaire palpébral inférieur. Ce dernier se contracte de façon involontaire et spontanée lorsque nous ressentons des émotions et sentiments agréables.

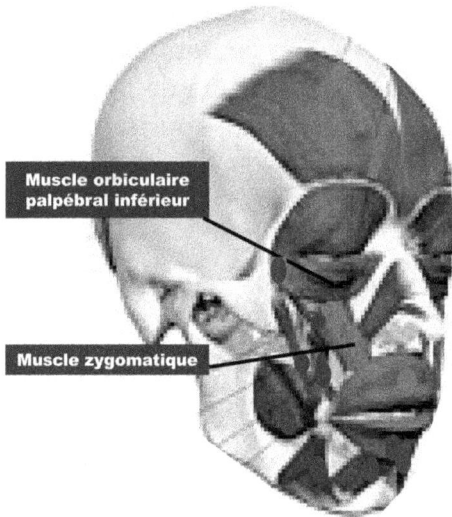

Muscle orbiculaire palpébral inférieur

Muscle zygomatique

Le sourire social - le sourire de politesse

Quelques semaines après la naissance, le sourire devient complet et se synchronise avec le mouvement des yeux, puis avec les mouvements du corps. Il est déclenché par la voix, les visages, le contact avec les yeux, le contact physique, le ressenti et les interactions avec d'autres personnes. Graduellement, il devient une réponse consciente au sourire d'une autre personne, à une présence ou à une voix.

Il est le résultat de la contraction du muscle grand zygomatique.

Le sourire appris

Quelques mois après la naissance, le sourire devient un apprentissage social et culturel, dans certains contextes et situations (accueil, jeu, interactions...). Il s'exprime de façon volontaire et avec plus de force. Le sourire volontaire est asymétrique.

Rire et sourire pour être en paix

Chapitre 2

Le mécanisme du rire

Le mécanisme du rire permet d'exprimer l'impact de certaines perceptions provenant de notre interaction avec le monde extérieur ou des interactions dans notre monde intérieur.

Ce mécanisme comprend une séquence impliquant les éléments déclencheurs du rire, le cerveau limbique, l'hypothalamus, le système nerveux autonome sympathique et parasympathique, le corps, des hormones et des neurotransmetteurs.

Le déclenchement du rire

Le déclenchement du rire varie selon l'expérience personnelle et la culture.

Le stimulus peut être visuel, auditif, kinesthésique-toucher(chatouillement), olfactif (gaz hilarant), gustatif, un état intérieur, et il est capté par les organes sensoriels du corps (yeux, oreilles, peau, nez, bouche) et le ressenti intérieur.

Du système nerveux au cerveau

La stimulation provoquée par ce qui nous fait rire est transformée en influx nerveux, et elle est envoyée dans les zones sensorielles du cerveau.

L'aire visuelle est située dans le lobe occipital, l'aire auditive est située dans le lobe temporal et l'aire somato-sensorielle est située dans le lobe pariétal, et le centre du rire est situé dans le lobe préfrontal du cortex cérébral.

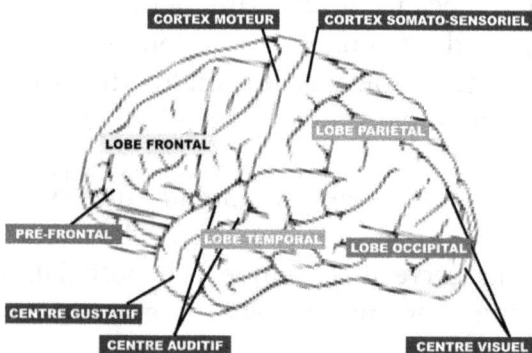

CORTEX MOTEUR · CORTEX SOMATO-SENSORIEL · LOBE FRONTAL · LOBE PARIÉTAL · PRÉ-FRONTAL · LOBE TEMPORAL · LOBE OCCIPITAL · CENTRE GUSTATIF · CENTRE AUDITIF · CENTRE VISUEL

L'influx nerveux est transmis par les neurones qui sont les cellules de base du système nerveux (environ 100 milliards de neurones dans le cerveau et quelques centaines de milliards dans le corps entier).

Dans le cerveau

L'influx nerveux reçu dans les zones sensorielles du cerveau est ensuite envoyé vers le cerveau limbique, où il est reçu et traité par l'hypothalamus, l'hippocampe et l'amygdale.

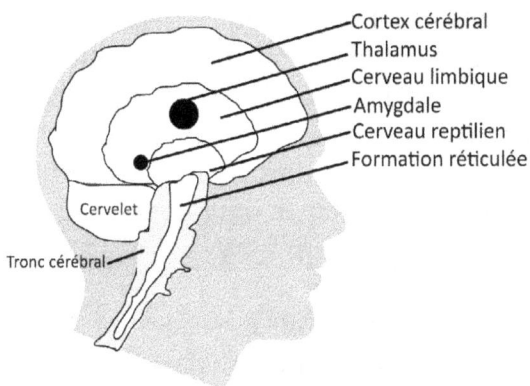

L'hypothalamus génère les émotions.

L'hypothalamus, l'hippocampe et l'amygdale ajustent l'intensité émotionnelle selon le message reçu par le cortex cérébral, pour générer un rire discret, des éclats de rire, des fous rires incontrôlés, rire aux larmes, etc.

Du cerveau au corps - l'expression du rire

L'influx nerveux est alors envoyé aux aires motrices du cerveau, pour déclencher les mouvements et réactions musculaires propres au rire.

Le sourire stimule 230 muscles du corps et le rire stimule 400 muscles du corps, dont les muscles du visage (pour l'expression du rire) et du larynx (pour produire les sons du rire).

Du cerveau au corps - l'action stimulante

Au début du rire, l'influx nerveux est aussi envoyé au système nerveux autonome (SNA) sympathique. Le SNA sympathique envoie un message aux glandes surrénales pour sécréter et libérer des catécholamines comme l'adrénaline et la noradrénaline dans le sang, et qui ont un effet stimulant.

Il envoie aussi un message à la glande adénohypophyse et à l'hypothalamus pour sécréter des endorphines qui ont un effet analgésique, qui calment la douleur, favorisent la bonne humeur, la détente et une sensation de bien-être.

Au début du rire, l'hypothalamus sécrète aussi la dopamine qui amène le ressenti de l'émotion plaisante générée par le rire et un renforcement positif.

Et les neurones sérotoninergiques du tronc cérébral et du système digestif sécrètent la sérotonine qui contribue à la régulation de la bonne humeur associée au rire, et qui agit aussi sur la température corporelle, le sommeil, la douleur, et certains comportements.

Du cerveau au corps - l'action relaxante

Ensuite, l'influx nerveux est envoyé au système nerveux autonome (SNA) parasympathique.

Le SNA parasympathique envoie un message au système circulatoire et les artères se détendent, ce qui apaise le rythme cardiaque et la pression. La circulation sanguine aux extrémités du corps est améliorée et la température du corps s'élève, et c'est ce qui fait que plusieurs personnes qui font l'expérience d'un bon rire ont le teint plus rosé et ressentent que leur corps s'est réchauffé.

Dans le cerveau, les neurones sécrètent et libèrent les neurotransmetteurs GABA qui empêchent une surexcitation prolongée des neurones et l'acétylcholine qui permet de relaxer les muscles, détendre le corps et apporter un état de relaxation générale. Après un bon rire, la relaxation musculaire et la sensation d'apaisement peuvent durer jusqu'à 45 minutes.

Les hormones et neurotransmetteurs impliqués dans le mécanisme du rire

	Rôles	Formule	Structure chimique
Acétylcholine	Neurotransmetteur Déclenche la contraction musculaire.	C7 H16 N O2	
GABA	Neurotransmetteur - Inhibe les gestes et mouvements non coordonnés et les spasmes - Empêche la surexcitation prolongée des neurones.	C4 H9 N O2	
Endorphines	Neurotransmetteur Effet analgésique - Calme la douleur - Favorise la bonne humeur, la détente et une sensation de bien-être. (aussi appelé l'hormone du bonheur)	C45 H63 O15 N10 S *bêta-endorphine (exemple d'endorphine)*	

	Rôles	Formule	Structure chimique
Sérotonine	Hormone neurotransmetteur Régulation de l'humeur, du sommeil, de la douleur, appétit et température corporelle.	$C_{10} H_{12} N_2 O$	
Dopamine	Hormone neurotransmetteur Amène l'émotion plaisante Agit sur l'humeur, le renforcement positif, le mouvement, la posture.	$C_8 H_{11} N O_2$	
Noradrénaline	Hormone neurotransmetteur Maintient l'état d'éveil cérébral Agit sur l'attention, les émotions, le sommeil, l'apprentissage.	$C_8 H_{11} N O_3$	
Adrénaline	Hormone neurotransmetteur Stimule et apporte un surplus d'énergie	$C_9 H_{12} N O_3$	

Chapitre 3

Les effets du rire et du sourire bienveillants sur la santé du corps

Le rire est un exercice musculaire qui a des effets bienveillants sur la santé du corps et qui favorise un état d'esprit positif. Il contribue à l'état de santé de plusieurs systèmes et fonctions du corps.

Système nerveux

- Le rire rétablit l'équilibre entre le système nerveux autonome (SNA) sympathique et parasympathique.

- Le rire stimule le SNA sympathique qui a un effet stimulant, et entraine ensuite une activation du SNA parasympathique qui assure une régénération de l'organisme, un meilleur sommeil et les mécanismes d'autoguérison du corps.

Antistress naturel

- Le rire est un antistress naturel.

- Il aide à réduire le stress ponctuel et le stress chronique et leurs effets.

- Un bon éclat de rire réduit le taux des hormones du stress (adrénaline et cortisol).

- Stimule la sécrétion d'endorphines qui ont un effet antidépresseur et anxiolytique.

Relaxant musculaire

- Le rire est un puissant relaxant musculaire.

- Il permet de décontracter un grand nombre de muscles du corps. En riant, les épaules sont secouées et les autres zones musculaires se détendent.

- Il permet de relâcher les muscles de la mâchoire.

- Après un bon rire, les muscles sont dans un état de relaxation qui favorise un bon sommeil.

Calme la douleur

- Le rire stimule le cerveau à produire les endorphines, qui sont des morphines naturelles. Ce sont les hormones du bien-être, et elles apaisent et calment la douleur et la perception de la douleur.

- Pour les enfants, le rire qui accompagne les bisous joyeux et la compassion pour guérir les petits bobos permet de stimuler la production des endorphines et de calmer la douleur.

Système cardiovasculaire

- Le rire a des effets bénéfiques pour le système cardiovasculaire.

- Stimulation du SNA sympathique - Au début du rire, le rythme cardiaque s'accélère, la pression sanguine s'élève, la circulation sanguine est activée et le rire contribue à fortifier le coeur.

- Stimulation du SNA parasympathique - Ensuite le rythme cardiaque ralentit et la pression artérielle diminue. Une diminution de la pression artérielle peut être observée après 10 minutes de rire.

Système respiratoire

- Le rire permet de mieux oxygéner le corps entier.

- Au début du rire, la respiration est saccadée et les poumons expulsent beaucoup d'air, et le système respiratoire se dilate pour laisser entrer plus d'oxygène.

- Cela augmente les échanges pulmonaires (3-4 fois plus qu'au repos) pour oxygéner et purifier le sang, diminuer la quantité d'air résiduel dans les poumons, et favoriser l'élimination des résidus et toxines présents dans les poumons.

- La période de repos entre les inspirations et les expirations est allongée, et cela aide le corps à se détendre. C'est une façon simple de lâcher prise.

- Il favorise une meilleure respiration plus profonde et l'augmentation de la capacité respiratoire.

- Il calme les bronches en profondeur.

- La respiration saccadée du rire stimule le diaphragme, masse les côtes et les poumons.

- Par son action sur les poumons, le diaphragme et les muscles abdominaux, le rire favorise une meilleure élocution, diminue le trac, détend et donne confiance en soi.

Système immunitaire

- Le rire contribue au bon fonctionnement et renforce le système immunitaire.

- Il stimule la production de globules blancs (aussi appelés lymphocytes et plasmocytes) et l'activité des lymphocytes T.

- Il stimule la production d'anticorps (aussi appelées immunoglobulines IgG, IgA, IgM, IgD et IgE), et en particulier la production de l'anticorps IgA dans les muqueuses des voies respiratoires.

- Il stimule la production de cytokines (qui sont facteurs nécessaires pour l'action immunitaire) et d'autres cellules qui neutralisent ou digèrent ce qui est inapproprié pour notre corps.

- Il stimule la sécrétion d'antimicrobien par les glandes salivaires et l'augmentation des propriétés antimicrobiennes de la salive.

- Il stimule la production d'hormone de croissance.

- Il diminue le taux de cortisol (présent en plus grande quantité en situation de stress).

Système digestif et glandes associées
à la digestion

- Le rire a des effets bénéfiques sur la digestion et les glandes associées à la digestion.

- Il stimule le foie, le pancréas et tous les organes digestifs.

- La respiration saccadée du rire stimule le diaphragme et plusieurs muscles de l'abdomen, ce qui permet de masser en douceur l'estomac, les intestins et les organes abdominaux.

- Un bon rire masse en profondeur et a un effet positif pour régulariser les sécrétions du système digestif et favoriser une digestion plus complète.

- C'est un moyen naturel de prévention et libération de la constipation.

- Un bon rire favorise l'élimination des lipides et du cholestérol sanguin provenant de l'alimentation, par la sécrétion plus élevée de bile par le foie, par la sueur et la respiration.

- Il masse le pancréas et favorise la régulation des sucs pancréatiques comme l'insuline.

- Il masse et dynamise la rate qui gonfle sa réserve de sang neuf, et qui filtre et épure le sang veineux.

Les effets bienveillants sur la santé du corps

- Il augmente la sécrétion de salive et de sucs digestifs, ce qui améliore la digestion.

Chapitre 4

Les effets du rire et du sourire bienveillants sur la santé psychologique

Rire et sourire contribuent à bon un état de santé psychologique et à un état d'être qui permet d'aborder et de vivre les différentes expériences de la vie avec plus de douceur et d'optimisme.

Rire et sourire en étant centré dans notre coeur nous aident à être dans un état de paix intérieure et d'expression de l'Être merveilleux que nous sommes.

Rire et sourire en étant centré dans notre coeur sont des façons d'exprimer de la gratitude, de s'aimer et de prendre soin de soi. Ce sont aussi des façons douces et bienveillantes d'apprécier et d'apporter de la joie autour de nous.

**Rire et sourire,
c'est bon pour le moral!**

Bonne humeur
- Un bon rire stimule la sécrétion de la sérotonine qui favorise la bonne humeur et la dopamine qui apporte un sentiment de plaisir.

- Il contribue à un équilibre physique, psychologique et émotionnel.

Antistress naturel
- Un bon rire stimule la sécrétion d'endorphines qui ont un effet antidépresseur et anxiolytique.

- Rire et sourire aident à faire face aux imprévus de la vie, à prendre du recul, à dédramatiser et soulager les tensions émotives.

- Rire et sourire améliore la capacité d'adaptation au stress et à être dans un état de plus grande appréciation et satisfaction de la vie.

État personnel
- Rire et sourire illuminent le visage.
- Cela facilite l'élévation du taux vibratoire, et l'épanouissement positif et bienveillant.
- Rire et sourire de bon coeur expriment un état de joie intérieure.
- Ils contribuent au bien-être du corps et de l'esprit et à la bonne humeur.
- Ils aident à augmenter le sentiment d'estime de soi (valeur de soi).
- Ils aident à augmenter la confiance en soi (croire en soi).
- Ils aident à l'expression et la reconnaissance de soi (être soi).
- Ils favorisent l'état de paix intérieure et l'équilibre physique, psychologique, émotionnel et spirituel.
- Ils favorisent l'optimisme, les pensées positives, une attitude positive et joyeuse envers la vie.
- Ils génèrent des émotions positives et bienveillantes.

- Ils facilitent l'expression épanouie des qualités de leadership et pour prendre la parole pour un monde meilleur.

- Le rire et le sourire sincère sont un langage universel qui est un outil du cœur pour rayonner les vibrations de paix et de joie dans notre vie et autour de nous.

Communication

- Rireetsouriresontdesoutilsdecommunication non verbale très efficaces.

- Ils aident à créer un climat bienveillant dans les relations avec les autres.

- Ils facilitent la communication avec les autres.

- Ils apportent du bien-être à ceux qui les reçoivent.

- Un sourire sincère envers soi-même, les autres et la vie peut se propager en centaines d'autres sourires dans une journée.

- Ils contribuent à l'expression des sentiments bienveillants et aux contacts inspirés par notre bon coeur. Dire je t'aime est bien. Être dans un état d'amour, de paix et de joie à l'intérieur de soi, exprimer des mots d'appréciation et faire un câlin avec un rire ou un sourire bienveillant, c'est encore mieux et une thérapie des plus efficaces.

Les effets bienveillants sur la santé psychologique

Chapitre 5

La thérapie par le rire, le sourire et l'humour bienveillant

Le rire, le sourire et l'humour bienveillants apportent de nombreux bienfaits pour la santé et ils ont des effets thérapeutiques pour l'équilibre de la santé physique, mentale, émotionnelle et spirituelle.

Une médecine simple, positive, normale et naturelle

Plusieurs centres de santé, hôpitaux et plusieurs personnes utilisent la pensée positive, le rire, le sourire et l'humour bienveillant comme outils thérapeutiques. La contribution du Dr Patch Adams a permis de populariser cette approche thérapeutique et de redonner ses lettres de noblesse à cette médecine simple, positive, normale et naturelle.

Salles de rire et clowns thérapeutiques

Plusieurs professionnels et spécialistes de la santé font maintenant appel aux clowns thérapeutiques et aux salles de rire où les personnes peuvent regarder des films drôles, lire des livres comiques ou des bandes dessinées, écouter des enregistrements humoristiques.

Si ces approches thérapeutiques s'ajoutent maintenant aux approches de médecines modernes, traditionnelles et holistiques, le rire thérapeutique est un outil connu depuis longtemps.

Dans plusieurs peuples dits « primitifs », la tradition du rire thérapeutique et la présence de clowns thérapeutiques font partie de la culture. Leur action soutenue dans un contexte de guérison permet l'expression des émotions et le lâcher-prise du corps et de l'esprit. Ces périodes de rire thérapeutique sont souvent suivies de pleurs et de silence.

Les clubs de rire

Depuis 1995, les Clubs de rire offrent également au public des activités de rire sans raison et des exercices de yoga du rire qui favorisent le lâcher-prise du corps et de l'esprit, et qui aident à libérer les émotions. Créés par le Dr Madan Kataria, les Clubs de rire sont présents dans plus de 60 pays et ils permettent des expériences de rire et de yoga du rire en groupe.

Le yoga du rire

Les exercices de yoga du rire favorisent une bonne circulation de l'énergie dans le corps et les bienfaits du rire et du sourire pour la santé.

- Exercices d'étirement et de respiration profonde pour stimuler le rire, détendre le corps et l'esprit, et oxygéner l'organisme.

- Exercices de vibrations pour aider à libérer le stress.

- Exercices simples pour développer la souplesse des muscles du corps.

- Exercices de bâillement pour favoriser une relaxation du visage et des muscles zygomatiques et de l'orbiculaire palpébral inférieur.

- Exercices rythmés pour rire avec des pauses respiration et régénération.

- Exercices de cris et de pleurs pour permettre l'expression de différentes émotions et sentiments et pour libérer et purifier le corps, l'esprit et les émotions.

- Exercices de silence.

- Exercices de respiration pour favoriser l'apaisement et l'équilibre physique, psychique et émotionnel.

- Exercices pour relaxer et développer notre capacité naturelle à sourire et rire de bon coeur.

**Rire et sourire...
c'est bon pour la santé
physique, mentale, émotionnelle
et spirituelle!**

La thérapie par le rire, le sourire et l'humour bienveillant

Chapitre 6

Les exercices de rire et sourire

Ces exercices ont pour but d'activer les bienfaits du rire et du sourire, et de contribuer à l'expérience de la paix intérieure.

Rire et sourire ont un effet très positif sur le fonctionnement du cerveau, l'équilibre émotionnel, psychologique et physique, les habiletés d'apprentissage, l'épanouissement de notre potentiel, la reconnaissance, confiance et estime de soi, l'appréciation de notre corps et de la vie.

Prendre conscience de l'impact du rire et du sourire pour libérer la voix et communiquer

Centrer l'attention dans le coeur, respirer et...

1 | Rire avec toutes les voyelles pour délier la voix et bénéficier du pouvoir des sons pour la santé du corps.

Rire avec la séquence a-o-ou-u-i-é-è... qui coule avec le mouvement circulaire d'ouverture-fermeture de la bouche et des lèvres.

Ha Ha Ha   Ho Ho Ho   Hou Hou Hou
Hu Hu Hu   Hi Hi Hi   Hé Hé Hé
Hè Hè Hè

2 | Faire un discours en riant, avec l'intention intérieure de communiquer une émotion ou un sentiment bienveillant aux autres participants. Si désiré partager l'émotion ou le sentiment qui a été exprimé par le rire et ce qui a été perçu et éveillé chez les participants.

3 | Rire avec différentes tonalités (son ouvert, nasillard, rauque, aigu, grave, etc.).

4 | Rire pour rire : expérimenter le rire communicatif, les explosions de rires, les rires aux éclats, les rires qui se calment.

5 | Rire en gardant un contact visuel avec un partenaire et en synchronisant graduellement la position et les mouvements du corps.

6 | Rire et sourire à chaque fois que... le téléphone sonne, une personne sonne ou cogne à la porte, un contact est établi par une communication audio-visuelle, vous lisez un courriel, etc. Répondre avec le sourire.

7 | Sourire intérieurement en écoutant et en parlant à d'autres personnes.

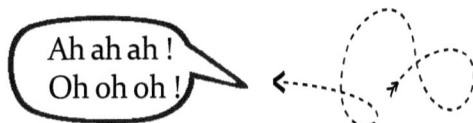

> Ah ah ah !
> Oh oh oh !

Prendre conscience de l'impact du rire et du sourire pour rassembler

Centrer l'attention dans le coeur, respirer et...

1 | Lancer une balle ou un ballon catalyseur de rire à une autre personne. Rire en attrapant la balle ou le ballon.

2 | Rire avec « oh oh oh » et des « ah ah ah » et taper des mains au même rythme.

3 Faire des pauses-rires régulièrement pour se détendre, s'oxygéner, recentrer l'attention et l'énergie d'un groupe, se préparer à partager un repas collectif, etc.

4 Rire et sourire en avançant avec d'autres personnes, en conservant un contact visuel, en tenant un objet comme un grand drap, en s'offrant successivement une fleur, en saluant chaque personne, en prenant des postures inusitées et bienveillantes, etc.

5 Rire en s'inspirant des personnages ressource comme le Père Noël, une personne que nous aimons beaucoup et qui nous aime beaucoup, quelqu'un qui nous fait rire naturellement, etc.

6 Terminer les exercices de rire et sourire avec un moment de silence et l'attention centrée dans le coeur. Si désiré, partager dans un cercle de sagesse.

Prendre conscience de l'impact du rire et du sourire au son de la musique

Centrer l'attention dans le coeur, respirer et...

1	Rire au son d'une musique et en s'y intégrant comme si le rire devenait un des instruments de l'orchestre.
2	Jouer un concert de rires où le rire de chaque personne d'un groupe est un instrument de l'orchestre.
3	Danser au son de la musique et rire à chaque pause-arrêt de la musique.
4	Rire en intensifiant progressivement la puissance sonore du rire, de très doux presque inaudible jusqu'à très intense, puis terminer par un éclat de rire léger, joyeux et libéré.

Ah ah ah !
Oh oh oh !

Ah ah ah !
Oh oh oh !

Prendre conscience de l'impact du rire et du sourire dans le corps

Centrer l'attention dans le cœur, respirer et...

1 Au son d'une musique dynamique et joyeuse, taper dans les mains dix fois, frotter les mains ensemble pour générer de la chaleur et balayer tout le corps en disant « j'aime mon visage, j'aime mon corps, je suis beau/belle, je suis un Être merveilleux, je choisis d'être en paix ! »

Faire danser le visage avec la musique (ça ressemble à plein de grimaces) et rire de bon cœur pendant 30 secondes !

2 Rire en faisant des mouvements d'étirements et de rotation du cou et des six principales articulations du corps : le cou, les épaules, les coudes, les poignets, les hanches, les genoux et les chevilles.

3 Rire et sourire en décontractant le corps et la mâchoire.

4 Rire et sourire dans différentes positions physiques et s'amuser à ressentir l'impact du rire et du sourire en position allongée, accroupie, assise, debout, pliée en deux, contorsionnée, en position de fermeture, en position d'ouverture, etc.

5	Rire avec différents rythmes (lentement, moyen, rapide) et observer la respiration associée à chaque rythme.
6	Rire en marchant.
7	Rire en courant sur place et en se déplaçant.
8	Rire en sautant et en criant de joie.
9	Rire avec différents types de mouvements: marcher, courir, sauter, sautiller, lancer, attraper, donner, recevoir, s'élever, s'accroupir, soulever, pousser, tirer, chevaucher, pédaler, patiner, skier, ramer, plonger, nager, etc.
10	Rire la bouche fermée.
11	Rire en ouvrant graduellement la bouche jusqu'à ce qu'elle soit grande ouverte.
12	Rire et sourire en amenant graduellement l'attention dans le coeur.
13	Laisser jaillir le rire de la base du corps.
14	Laisser jaillir le rire du bas du ventre.

15 | Laisser jaillir le rire du plexus solaire.

16 | Laisser jaillir le rire du coeur.

17 | Sourire intérieurement à notre corps. Imaginer que tous les organes du corps sourient.
Imaginer que tous les sens sourient.
Imaginer que chaque cellule sourit.
Imaginer que notre corps entier sourit.

18 | Pour relaxer après une période prolongée en position assise: se lever, s'étirer, rire, sourire et être silencieux.

Ah ah ah !
Oh oh oh !

Ah ah ah !
Oh oh oh !

Prendre conscience de l'impact du rire et du sourire pour avoir accès à nos ressources intérieures

Centrer l'attention dans le coeur, respirer et...

1	Rire en bâillant de toutes ses forces pour oxygéner le cerveau.
2	Le matin ou avant les repas (vessie et estomac vide), faire une petite méditation du rire de 15 minutes. • 4 minutes: étirer les muscles du corps • 1 minute: étirer les muscles du visage • 5 minutes: rire et/ou pleurs • 5 minutes: silence et respirer calmement jusqu'au bas du ventre, fermer les yeux, ramener la conscience dans le bas du ventre, prendre conscience du ressenti, l'accepter et respirer profondément, puis amener la conscience dans le coeur et respirer en silence.
3	Rire de bon coeur, en position debout, assise ou allongée.
4	Rire en levant les bras vers le ciel, plier les genoux et s'accroupir en pleurant, se relever en riant. Refaire quelques fois et garder un moment de silence.

5 | Rire en s'inspirant des sentiments ressources. Par exemple: rire de joie, rire de bonheur, rire de gratitude, rire heureux, rire pour une surprise agréable, rire de célébration, rire de la naissance, rire de la confiance en soi, rire de liberté, rire de douceur, rire de compassion, rire d'apaisement, etc.

6 | Rire observateur: sur un écran imaginaire, regarder une situation ou une expérience sérieuse, comme un observateur neutre, avec l'attention centrée dans le coeur. Avec bienveillance et compassion, rire avec douceur de ce qui est « sérieux » et en conservant l'attention centrée dans le coeur. Laisser le rire alléger graduellement les perceptions de cette situation ou expérience. Respirer.

7 | Rire observateur: sur un écran imaginaire, regarder une situation ou une expérience drôle, comique, cocasse, inattendue... comme un observateur neutre, avec l'attention centrée dans le coeur. Rire de bon coeur avec bienveillance et compassion.

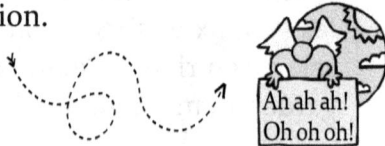

Ah ah ah!
Oh oh oh!

8 Dessiner ou imaginer un bonhomme sourire sur un miroir et sourire jusqu'à ce que notre sourire soit rayonnant et épanoui. Sourire à soi-même à chaque fois que nous passons devant un miroir.

9 Imaginer que nous sommes une personne positive et bienveillante. Sourire intérieurement et ressentir des sentiments de paix intérieure, de joie, de douceur envers soi-même jusqu'à ce qu'un sourire s'installe naturellement.

10 Imaginer une expérience ou une situation positive qui éveille des sentiments de détente et de joie. Sourire intérieurement. Sourire à tout ce qui se présente à nous.

11 S'asseoir confortablement, relâcher les épaules, déposer les mains à plat sur les cuisses, fermer les yeux et respirer trois fois calmement et profondément. Amener l'attention au niveau du coeur et respirer doucement. Sourire et conserver le sourire et cet état pour continuer la journée.

12 Rire avec des clowns bienveillants jusqu'à ce qu'un état d'équilibre et de paix intérieure soit ressenti.

Prendre conscience de l'impact du rire et du sourire en harmonie avec la nature

Centrer l'attention dans le coeur, respirer et...

1 Les animaux - Rire et sourire en s'inspirant ou en imitant la voix et les gestes des animaux. Imaginer comment chacun pourrait rire et sourire.

le rire de l'abeille	biz biz biz
le rire de l'âne	hi han hi han hi han
le rire du canard	coin coin coin
le rire du chat	miaou miaou miaou
le rire du cheval	hiiii hiiii hiiii
le rire de la chèvre	bê bê bê
le rire du chien	wouf wouf wouf
le rire du cochon	grouin grouin grouin
le rire des dauphins	iii iii iii
le rire de la dinde	glou glou glou
le rire du hibou	ouuu ouuu ouuu
le rire de l'insecte	crouch crouch crouch
le rire du lion	raaaa raaaa raaaa
le rire du mouton	bêêê bêêê bêêê
le rire de l'oiseau	pit pit pit
le rire de l'orignal	weuuu weuuu weuuu
le rire du poisson	ba ba ba
le rire de la poule	cot cot cot
le rire du singe	hin hin hin
le rire de la souris	hi hi hi
le rire du tigre	wraaa wraaa wraaa
le rire de la vache	meu meu meu

2 Les éléments - Rire et sourire en s'inspirant des éléments de la nature. Imaginer comment chacun pourrait rire et sourire.

le rire de l'air
le rire de la brise
le rire du vent
le rire du vent fort

le rire de l'eau
le rire de la pluie
le rire de l'orage
le rire du cours d'eau
le rire de la mer

le rire du feu
le rire du feu de joie
le rire du feu de foyer
le rire du soleil

le rire de la terre
le rire de la forêt
le rire de la prairie
le rire des cavernes
le rire des montagnes

le rire de l'éther
le rire des planètes
le rire de l'univers
le rire des étoiles

3 | Les fleurs et les arbres - Rire et sourire en s'inspirant des fleurs et des arbres. Imaginer comment chacun pourrait rire et sourire.

le rire des fleurs
le rire des arbres
le rire de la graine qui est semée
le rire de la graine qui germe
le rire de la plante qui grandit
le rire de la plante qui devient mature
le rire de la plante qui offre ses fruits
le rire de la plante qui s'épanouit au soleil

4 | Les saisons - Rire et sourire en s'inspirant des saisons. Imaginer comment chaque saison pourrait rire et sourire.

le rire du printemps
le rire de l'été
le rire de l'automne
le rire de l'hiver
le rire de la cinquième saison

5 | Sourire à la vie. Sourire à la Vie.

Prendre conscience de l'impact du rire et du sourire dans les activités de la vie quotidienne

Centrer l'attention dans le coeur, respirer et...

1 | Rire et sourire... en faisant l'expérience des valeurs humaines dans les différents contextes de la vie, en choisissant les valeurs humaines comme fondations pour les apprentissages et communications, en apprenant à mettre les valeurs humaines en action pour en créer la réalité tangible et concrète dans les différents contextes de la vie, en étant centré dans le coeur, en choisissant d'être en paix, en faisant l'expérience de la paix intérieure, en contribuant au plus grand bien et à un monde meilleur, etc.

2 | Rire et sourire à la maison... en se levant le matin, avant les repas, en s'habillant, en se lavant, en lavant la vaisselle, en faisant le ménage, en faisant des réparations, en faisant l'entretien extérieur, etc.

3 | Rire et sourire à l'école... en faisant des apprentissages, en cherchant des informations, en préparant un travail de recherche ou une présentation, en étudiant une nouvelle matière, etc.

4   Rire et sourire au travail... en faisant des photocopies, en parlant avec les collègues, en faisant son travail, en répondant au téléphone, en écrivant un courriel, en faisant une présentation, en écrivant un un mémo ou un rapport, en écoutant l'intuition et la guidance de notre coeur, en écoutant ce que les autres ont à dire ou à proposer, en s'exprimant de façon bienveillante, en se faisant confiance, en contribuant à un monde meilleur, etc.

5   Rire et sourire dans les activités sociales et communications... en participant à un projet pour le plus grand bien, en exprimant de la compassion, en exprimant le leadership du coeur, en laissant notre coeur prendre la parole, etc.

6   Rire et sourire dans les activités culturelles bienveillantes... en regardant des films drôles, en lisant des bandes dessinées amusantes, en jouant de la musique, en exprimant des talents artistiques et créatifs, en apprenant quelque chose de nouveau, en appréciant la contribution bienveillante d'autres personnes, etc.

7   Jouer en riant. Rire en jouant.

Pauses bâillement, respiration, régénération et silence

Centrer l'attention dans le coeur, respirer et...

1	Bâiller avec la bouche largement ouverte et une inspiration ample, lente et très profonde, retenir la respiration quelques instants, puis expirer lentement en émettant des sons de bâillement.
2	Respiration centrée dans le coeur: prendre trois grandes respirations... inspirer par le nez... expirer par la bouche... Amener l'attention au niveau du cœur pendant au moins 10 secondes et respirer de façon rythmique en gardant l'attention au niveau du cœur. Ensuite, fermer les yeux et continuer de respirer calmement.

Exemple: respiration 4-4
inspirer 1...2...3...4... et expirer 1...2...3...4...

Exemple: respiration 4-4-4-4
inspirer 1...2...3...4... retenir 1...2...3...4...
expirer 1...2...3...4... repos 1...2...3...4...

Si désiré continuer pour favoriser l'état de cohérence cardiaque et de paix intérieure: ressentir un sentiment fondamental positif comme l'appréciation, la gratitude, la compassion, l'amour, la paix, la joie, l'émerveillement, la bienveillance... Le ressentir dans le coeur et le laisser s'amplifier à l'infini. Continuer de respirer en restant centré dans le coeur.

3 Ouvrir les pieds à la largeur des épaules, plier les genoux légèrement, incliner le haut du corps pour qu'il soit parallèle au sol, laisser les bras pendants vers le sol. Remuer le coccyx comme un chien heureux qui agite la queue. Laisser les épaules et le corps bouger librement avec le mouvement. Respirer doucement en prenant conscience de notre corps pour l'apprivoiser avec douceur.

4 Quelques instants, minutes... de silence à chaque jour. Respirer et relaxer.

Partager dans un cercle de sagesse.

Ah ah ah !
Oh oh oh !

Ah ah ah !
Oh oh oh !

Les exercices de rire et sourire

Conclusion

Rire et sourire pour être en paix... quelle belle façon joyeuse pour nous aider à guérir et avancer vers un état de paix intérieure et de bonne santé !

Grâce à l'effet communicatif du rire et

du sourire, chaque personne qui sourit et rit de bon coeur sème la joie et des énergies bienveillantes autour d'elle et contribue à leur expansion sur la Terre.

Par cette voie de rires et sourires du coeur, plusieurs valeurs humaines comme la joie, la paix, l'amour, la compassion, la douceur, etc. peuvent trouver des voies d'expression et de rayonnement dans l'expérience concrète de la vie sur Terre.

En étant centrés dans le coeur, les rires et sourires deviennent aussi des catalyseurs pour élever le taux vibratoire de l'expérience humaine.

Si plus de personnes devenaient conscientes de la simplicité et la puissance du rire et du sourire de bon coeur pour favoriser un état de paix intérieure et de bonne santé, peut-être qu'il y aurait tout naturellement une expansion des sentiments bienveillants, de joie, de compassion, de paix et des bienfaits du rire et du sourire sur la Terre.

Conclusion

Plus il y aura de personnes qui seront véritablement en paix et en santé, plus il y aura la Paix et la Santé sur Terre !

**Amusez-vous à rire et sourire
pour être en paix !**

**Amusez-vous à rire et sourire
pour être en santé!**

**Amusez-vous à rire et sourire
pour contribuer à un monde de Paix !**

Rire et sourire
pour être en paix !

Ah ah ah !
Oh oh oh !

Références

Références internet

- www.cegep-fxg.qc.ca - Biologie du rire, ME Proulx
- www.clubderire.ca
- www.clubderirequebec.com
- www.coupdepouce.com - Article Les vertus cachées du rire
- www.doctissimo.fr - Article Rire de bon coeur!
- www.ecolederire.com
- www.e-sante.fr - article publié par Dr Philippe Presles, août 2010
- www.grandirzen.com - Article Sourire est bon

pour la santé et le moral
- www.lebelage.ca - article Rire c'est bon pour la sante
- www.passeportsante.net - Article La thérapie par le rire, comment ça marche?
- www.passeport-santé.net - article La Thérapie par le rire, qu'est-ce que c'est? septembre 2010
- www.rigolotherapie.com
- www.rire-sante.fr - article Rire et Santé, 2012
- www.sagessedurire.org - article Rire est bon pour la santé!
- www.tasante.com - article Le rire, pourquoi c'est bon pour la santé ?
- www.umoncton.ca - article Rire pour la sante
- www.wikipedia.com - Article Rire, Article Sourire
- www.yogadurire.com/yoga_club.php
- http://amis.univ-reunion.fr - Le sens du rire, Bernard Champion
- http://rireetsante.e-monsite.com - Rire et santé, AOLAD Sanaa , BOCCI Pauline et PETIT Pauline

- www.aath.org - Association for Applied and Therapeutic Humor (AATH)
- www.clubderire.com - Club de Rire
- www.drclown.ca - Docteur Clown
- www.humorproject.com - The Humor Project, Inc.
- www.laughteryoga.org - Laughter Yoga (Dr. Madan Kataria)
- www.leriremedecin.asso.fr - Association Le Rire Médecin
- www.patchadams.org - Gesundheit Institute (Patch Adams M.D.)
- www.worldlaughtertour.com - World Laughter Tour

Références

Livres

- Rire pour Gai-Rire - Dr Christian Tal Schaller et Kinou le clown, Éditions Vivez Soleil,1994
- Patch Adams M.D. Gesundheit! - Patch Adams M.D., Éditions Healing Arts Press, 1993
- House calls - Patch Adams M.D., Robert D. Reed Publishers, 1998

- Docteur Patch Adams. Quand l'humour se fait médecin, Patch Adams M.D., Édition Stanké, 2000.
- Laugh for no reason, Dr. Madan Kataria
- Réveiller son médecin intérieur - Le mieux-être par le rire - Line Bolduc, Éditions Quebecor, 2004.
- Comment je me suis soigné par le rire - Norman Cousins, Éditions Payot, 2003.
- La rigolothérapie, Paule Desgagnés, Éditions Quebecor, 2004.
- Le Rire, sa vie, son oeuvre : Le plus humain des comportements expliqué par la science - Robert Provine, Éditions Robert Laffont, 2003.
- Rire pour vivre - Bernard Raquin, Éditions Dangles, 2000.
- Le Rire Médecin - Journal du docteur Girafe, Caroline Simonds, Bernie Warren, Éditions Albin Michel, 2001
- Le rire, une merveilleuse thérapie - Dr Christian Tal Schaller et Kinou le clown, Éditions Vivez Soleil, 2003.

Depuis longtemps, je rêve que les enfants...

Depuis longtemps, je rêve...
que les enfants puissent être ce qu'ils sont
qu'ils puissent vivre et être heureux, en paix et en santé
qu'ils puissent utiliser ce qu'ils sont pour contribuer à un monde meilleur

Depuis longtemps, je rêve...
que les enfants puissent s'enraciner les deux pieds sur Terre
qu'ils puissent se centrer dans leur coeur et s'aligner avec leur véritable identité spirituelle
qu'ils puissent s'incarner et habiter leur corps en toute sécurité

Depuis longtemps, je rêve...
que les enfants puissent reconnaître avec sagesse leur puissance de cocréation illimitée
qu'ils puissent réaliser leurs projets et passions du coeur
qu'ils puissent rayonner l'Amour, la Paix, la Joie, la Gratitude, etc. dans tout leur Être et à l'infini

Depuis longtemps je rêve...
que les enfants puissent découvrir et développer leurs dons, forces et talents
qu'ils puissent créer dans le respect des lois de l'univers
qu'ils puissent apprendre à vivre et à vivre ensemble

Depuis longtemps, je rêve...
que les enfants puissent apprendre et explorer la vie avec l'intelligence du coeur
que l'accueil sur la Terre, l'accompagnement et l'éducation puissent les aider dans ce chemin
qu'ils puissent croire en eux et avancer en Être debout

Depuis longtemps je rêve...
que les enfants puissent s'aimer totalement, profondément, inconditionnellement
qu'ils puissent avoir des pensées, paroles, actions et énergies positives et bienveillantes
qu'ils puissent vivre des relations humaines saines et animées par le langage du cœur

Depuis longtemps, je rêve...
que les enfants puissent avoir accès à des outils de cheminement personnel mis à leur portée
qu'ils puissent vivre ce pour quoi ils se sont incarnés
qu'ils puissent être ce qu'ils sont...

C'est le temps maintenant.
Pour les enfants, adolescents, jeunes adultes, adultes
Pour les indigo, arc-en-ciel, cristal
Pour ceux qui ouvrent leur coeur et leur conscience à la création d'un monde meilleur

Lucie Marcotte

☮ L'École de la Paix

L'École de la Paix offre:

Des formations, outils et enseignements, en personne et par internet

... pour apporter des enseignements vers une ère de Paix

... pour que les communications soient au service de la Vie

... pour prendre la parole pour la Paix

... pour favoriser l'éducation basée sur les valeurs humaines

... pour expérimenter des projets basés sur les valeurs humaines

... pour offrir des places de parole et d'expression artistique

... pour s'exprimer en étant centré dans le coeur et notre chemin de vie

... pour reconnaître et se reconnecter avec notre véritable identité spirituelle

... pour être qui nous sommes

... pour contribuer à ce qui permet l'éducation et la guérison pour la paix intérieure

... pour faire des exercices qui contribuent à la santé et la paix

... et voyager dans des lieux de paix pour la joie et les ateliers

... pour contribuer à la Paix sur Terre

et

Coaching pour les projets « Éducation pour un monde de Paix».

Amour, Paix, Joie!
www.luciemarcotte.com   info@luciemarcotte.com

Éditions Paix pour tous

Autres livres et publications
Les livres sont disponibles sur www.luciemarcotte.com,
Amazon, et en librairies, et les eBooks sont disponibles sur
www.luciemarcotte.com

APPRENDRE AVEC L'INTELLIGENCE DU COEUR

Apprendre avec l'intelligence du coeur permet que les connaissances et la sagesse du coeur puissent guider les apprentissages, le développement des compétences et leurs utilisations dans la vie quotidienne. Ce livre apporte des outils pour favoriser un état d'apprentissage centré dans le coeur, synchroniser le coeur, le cerveau et le corps, désactiver les sabotages de l'apprentissage, corriger les allergies aux lettres, chiffres et les courts-circuits sensoriels, favoriser l'attention et la concentration, faciliter la prononciation, l'articulation, expérimenter les sons d'harmonisation, faciliter l'orientation spatiale, l'apprentissage par associations, l'apprentissage de l'orthographe, des informations nouvelles, des noms et des chiffres, s'exprimer de façon claire, apprendre à lire rapidement avec l'intelligence du coeur, favoriser les stratégies de succès pour lire et apprendre, etc. Il propose également un regard bienveillant sur l'expérience des difficultés d'apprentissages, de langage, d'attention et de concentration, sur la connexion coeur-cerveau et la kinésiologie de l'apprentissage. - Lucie Marcotte, 2014

ISBN 978-2-924391-23-5 (imprimé-fr)
ISBN 978-2-924391-24-2 (ebook-fr)

RIRE ET SOURIRE POUR ÊTRE EN PAIX

Les effets bienveillants du rire et du sourire pour être en paix et favoriser un état de bonne santé. 63 exercices de rire et sourire pour libérer la voix, communiquer, rassembler, éveiller des rires joyeux au son de la musique, prendre conscience de l'impact dans le corps, accéder à nos ressources intérieures, favoriser l'harmonie avec la nature, intégrer dans les activités quotidiennes, et des pauses régénération. - Lucie Marcotte, 2014

ISBN 978-2-924391-19-8 (imprimé-fr)
ISBN 978-2-924391-20-4 (ebook-fr)

ÉDUCATION POUR UN MONDE DE PAIX

Éducation basée sur les valeurs humaines - Une approche simple en 7 étapes. 189 idées de projets d'apprentissages inspirés de 44 valeurs humaines. - Lucie Marcotte, 2014

ISBN 978-2-924391-15-0 (imprimé-fr)

ISBN 978-2-924391-16-7 (ebook-fr)

PRENDRE LA PAROLE POUR UN MONDE MEILLEUR - LANGAGE NON VERBAL ET LE LEADERSHIP DU COEUR

Découvrir le langage non verbal de la lumière intérieure et la guérison consciente de ce qui est exprimé et transmis par l'état personnel, le corps, les yeux et le silence ... pour que la parole soit au service de la Vie !

Lucie Marcotte, 2014

ISBN 978-2-924391-08-2 (printed)
ISBN 978-2-924391-09-9 (ebook)

COMMUNICATION BIENVEILLANTE ET NON-VIOLENTE

ET LE LANGAGE DU COEUR

Devenez un leader et utilisez ce que vous êtes pour créer un monde meilleur

Lucie Marcotte, 2013

ISBN 978-2-924391-00-6 (printed)
ISBN 978-2-924391-13-6 (ebook)

ALEX ET LA FÉE LUMIÈRE VOYAGENT AU ROYAUME DU PÈRE NOËL

Un conte de Noël où Alex voyage à la rencontre du Père Noël. Ses conversations avec le Père Noël sont remplies d'émerveillement et de révélations. Il en revient avec une plus grande confiance en lui et la confiance dans la Paix sur Terre. Il revient aussi avec la certitude que la magie de Noël peut nous accompagner en permanence si notre coeur y est ouvert. - Lucie Marcotte, 2013

ISBN 978-2-924391-04-4 (printed)

DÉCOUVRE TON TOTEM

Alex découvre son totem Il découvre aussi la symbolique de plus de 600 animaux, arbres, couleurs, symboles, archétypes et de ses propres messages de sagesse du coeur - Lucie Marcotte, 2013

ISBN 978-2-924391-01-3 (printed)
ISBN 978-2-924391-14-3 (ebook)

S'ENRACINER LES DEUX PIEDS SUR TERRE

165 outils concrets de Marie-Douce et Noah pour se créer de belles journées à tous les jours. - Lucie Marcotte, 2013

ISBN 978-2-924391-02-0 (printed)
ISBN 978-2-924391-12-9 (ebook)

En anglais

EDUCATION FOR A WORLD OF PEACE

Education based on human values. - A simple approach in 7 steps. 189 ideas of learning projects inspired by 44 human values. - Lucie Marcotte, 2014

ISBN 978-2-924391-17-4 (printed-eng)
ISBN 978-2-924391-18-1 (ebook-eng)
ISBN 978-1500437787 (printed-Amazon ISBN-eng)

Amour   Paix   Joie

www.ingramcontent.com/pod-product-compliance
Lightning Source LLC
Chambersburg PA
CBHW071340290326
41933CB00040B/1878